This book belongs to

MY BLACK

This book is dedicated to my youngest sister Desi.
Thank God for giving you the strength & mindset to acknowledge
your beauty despite your battles and not letting your burns define
who you are. Thus, your confidence is outstanding.
Flaunt your melanin and continue to flourish.
I love you always!

Pre Pre

My black is beautiful.

3

4

My black is vibrant.

5

My black
is
beautiful.

9

10

12

My black
is a color,
not an ethnicity.

13

14

My black refers to my African American history.

15

16

18

MY BLACK

V	U	U	Y	B	M	O	B	T	C	A	M
I	P	D	E	G	Y	H	E	R	W	C	E
B	F	V	F	S	B	J	A	I	X	D	L
R	Q	A	W	E	L	I	U	X	E	F	A
A	U	F	M	Q	A	U	T	G	V	G	N
N	I	L	D	P	C	O	I	L	S	H	I
T	E	A	B	T	K	L	F	P	U	Z	N
X	T	W	A	B	Y	F	U	T	M	X	Q
N	H	L	I	M	W	J	L	U	B	X	W
M	L	E	V	A	V	C	S	N	G	R	C
C	I	S	S	O	G	J	N	I	K	P	R
P	K	S	R	Y	T	O	B	Q	D	Q	D
O	E	J	P	R	B	Y	N	U	X	V	E
S	E	Z	D	I	Q	H	M	E	F	B	E
U	V	A	M	A	Z	I	N	G	K	P	C
N	H	C	X	H	M	C	A	P	E	R	U

MY BLACK	AMAZING	BEAUTIFUL
VIBRANT	HAIR	COILS
FLAWLESS	MELANIN	UNIQUE